Impressum
Verlag: BABADADA GmbH, Nedderfeld 112 , 22529 Hamburg
Geschäftsführer / Verlagsleitung: Harald Hof
Druck: Books on Demand GmbH, In de Tarpen 42, 22848 Norderstedt

Imprint
Publisher: BABADADA GmbH, Nedderfeld 112 , 22529 Hamburg, Germany
Managing Director / Publishing direction: Harald Hof
Print: Books on Demand GmbH, In de Tarpen 42, 22848 Norderstedt, Germany

iskola
escola

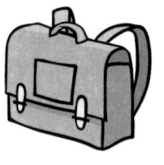

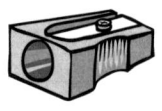

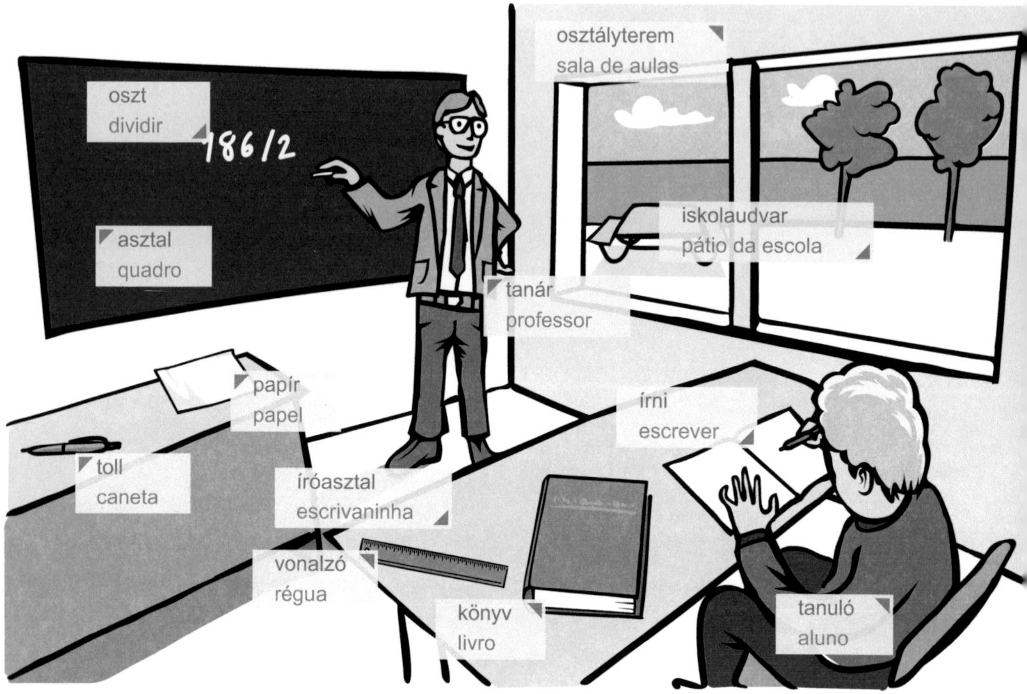
osztályterem
sala de aulas
oszt
dividir
186/2
asztal
quadro
iskolaudvar
pátio da escola
tanár
professor
papír
papel
írni
escrever
toll
caneta
íróasztal
escrivaninha
vonalzó
régua
könyv
livro
tanuló
aluno

iskolatáska

sacola

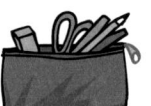

tolltartó

estojo de lápis

ceruza

lápis

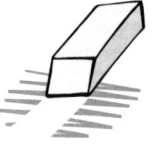

ceruzahegyező

apontador de lápis

radír

borracha

rajzfüzet

bloco de desenho

rajz

desenho

ecset

pincel

festőkészlet

estojo de tintas

olló

tesoura

ragasztó

cola

munkafüzet

livro de exercícios

házi feladat

lição de casa

12

szám

número

2+2

összead

somar

5-2

kivon

subtrair

2×2

szoroz

multiplicar

számol

calcular

A

betű

letra

ABCDEFG
HIJKLMN
OPQRSTU
VWXYZ

ABC

alfabeto

hello

szó

palavra

szöveg

texto

olvasni

ler

kréta

giz

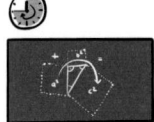

tanóra

hora

napló

registro da classe

vizsga

exame

bizonyítvány

certificado

iskolai egyenruha

uniforme escolar

oktatás

educação

enciklopédia

enciclopédia

egyetem

universidade

mikroszkóp

microscópio

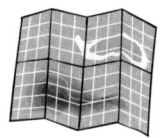

térkép

mapa

papír-hulladék gyűjtő

cesto de lixo

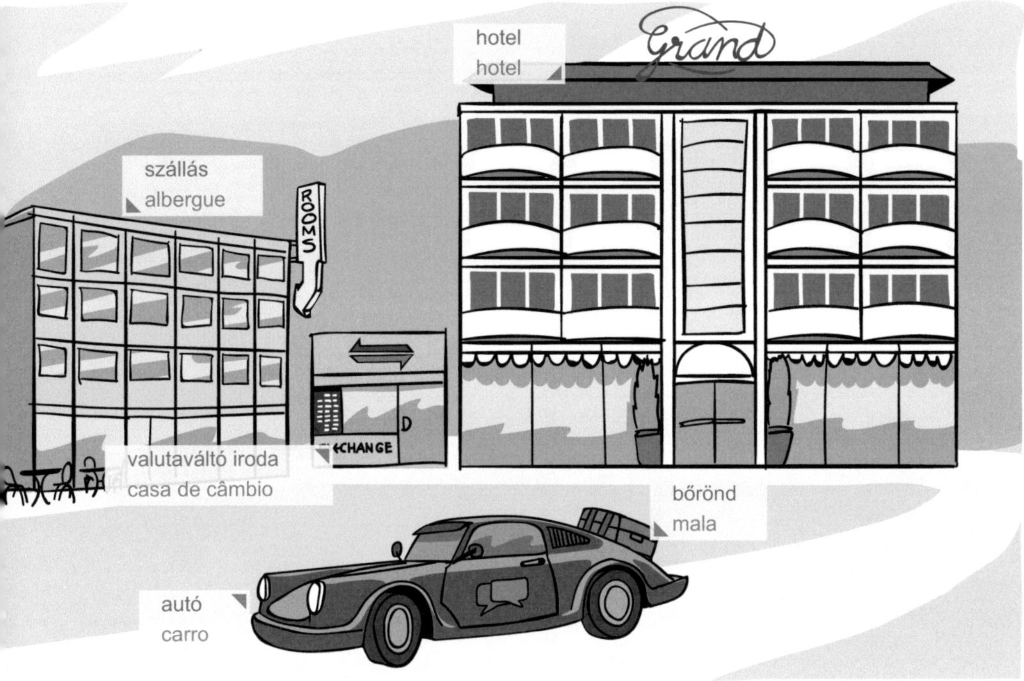

hotel
hotel
Grand
szállás
albergue
ROOMS
valutaváltó iroda
casa de câmbio
EXCHANGE
bőrönd
mala
autó
carro

nyelv

idioma

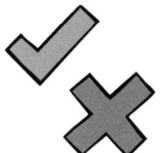

igen/nem

sim / não

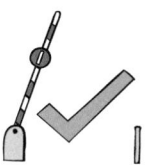

rendben

ok

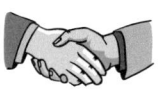

szia

Olá

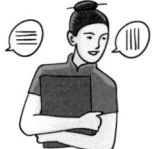

fordító

tradutor

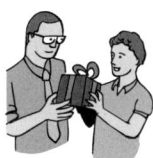

köszönöm

obrigado

mennyibe kerül…?

quanto custa…?

nem értem

eu não entendo

probléma

problema

Jó estét!

boa noite!

jó reggelt!

Bom dia!

jó éjszakát!

Boa noite!

viszontlátásra

até logo

útirány

direção

poggyász

bagagem

táska

bolsa

hátizsák

mochila

vendég

convidado

szoba

quarto

hálózsák

saco de dormir

sátor

barraca

turista információ

informação turística

strand

praia

hitelkártya

cartão de crédito

reggeli

café da manhã

ebéd

almoço

vacsora

jantar

jegy

bilhete

lift

elevador

bélyeg

selo

határ

fronteira

vám

alfândega

nagykövetség

embaixada

vízum

visto

útlevél

passaporte

közlekedés
transporte

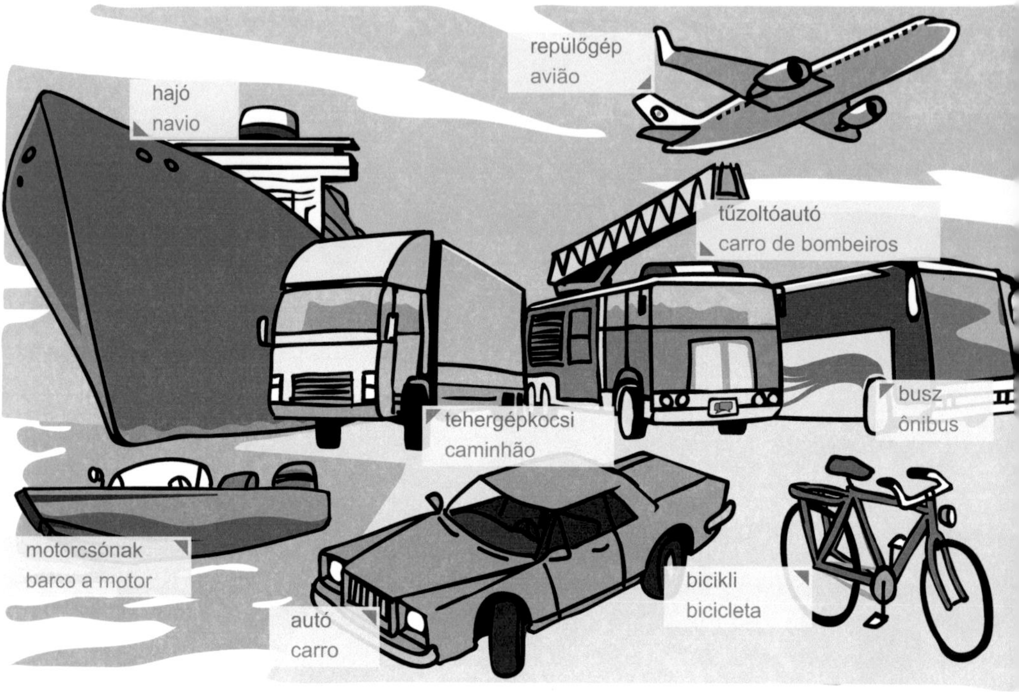
hajó
navio
repülőgép
avião
tűzoltóautó
carro de bombeiros
tehergépkocsi
caminhão
busz
ônibus
motorcsónak
barco a motor
autó
carro
bicikli
bicicleta

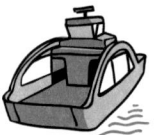

komp
balsa

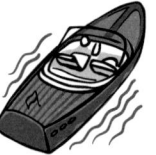

csónak
barco

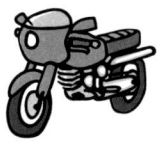

motorkerékpár
motocicleta

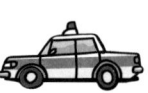

rendőrautó
veículo policial

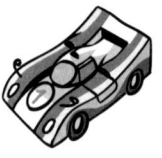

versenyautó
carro de corrida

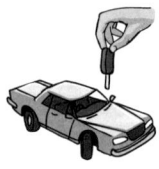

bérautó
carro de aluguel

telekocsi

compartilhamento de automóvel

vontató

caminhão de reboque

szemetes autó

caminhão de lixo

motor

motor

üzemanyag

combustível

benzinkút

posto de gasolina

közlekedési tábla

placa de trânsito

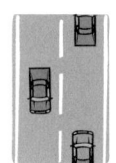

forgalom

trânsito

forgalmi dugó

trânsito lento

parkoló

estacionamento

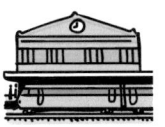

vonatállomás

estação de trem

sínek

trilhos

vonat

trem

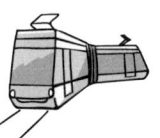

villamos

bonde

vagon

vagão

helikopter

helicóptero

repülőtér

aeroporto

torony

torre

utas

passageiro

konténer

contêiner

kartondoboz

cartolina

taliga

carroça

kosár

cesto

felszáll / leszáll

decolar / pousar

város

cidade

falu

vilarejo

városközpont

centro da cidade

ház

casa

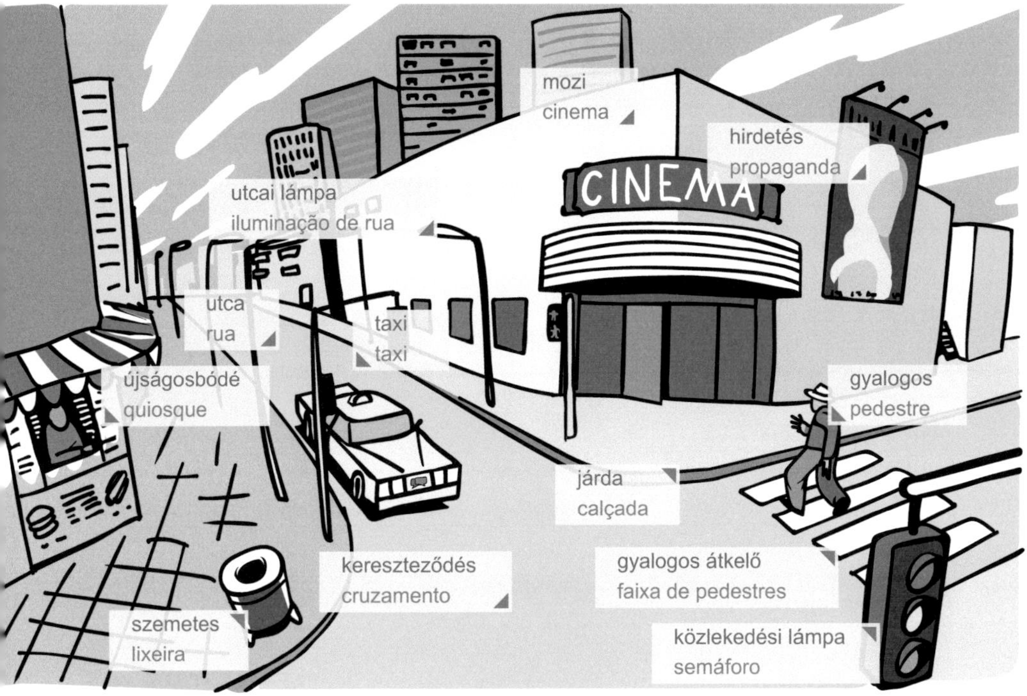

mozi
cinema

hirdetés
propaganda

utcai lámpa
iluminação de rua

CINEMA

utca
rua

taxi
taxi

gyalogos
pedestre

újságosbódé
quiosque

járda
calçada

kereszteződés
cruzamento

gyalogos átkelő
faixa de pedestres

szemetes
lixeira

közlekedési lámpa
semáforo

kunyhó
cabana

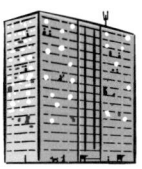

lakás
apartamento

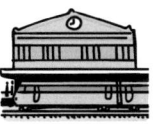

vonatállomás
estação de trem

városháza
prefeitura

múzeum
museu

iskola
escola

egyetem

universidade

bank

banco

kórház

hospital

hotel

hotel

gyógyszertár

farmácia

iroda

escritório

könyvesbolt

livraria

üzlet

loja

virágüzlet

floricultura

szupermarket

supermercado

piac

mercado

áruház

loja de departamentos

halárus

peixaria

bevásárló központ

centro comercial

kikötő

porto

park

parque

pad

banco

híd

ponte

lépcső

escadas

metró

metrô

alagút

túnel

buszmegálló

ponto de ônibus

bár

bar

étterem

restaurante

postaláda

caixa de correspondência

utcatábla

placa de rua

parkoló óra

parquímetro

állatkert

zoológico

uszoda

piscina

mecset

mesquita

gazdálkodás

fazenda

környezetszennyezés

poluição

temető

cemitério

templom

igreja

játszótér

parquinho

szentély

templo

táj
paisagem

levél
folha

útjelző tábla
placa de sinalização

út
caminho

rét
gramado

kő
pedra

túrázó
caminhantes

fa
árvore

folyó
rio

fű
grama

virág
flor

völgy
vale

domb
montanha

tó
lago

erdő
floresta

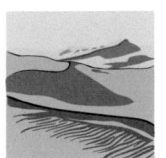

sivatag
deserto

vulkán
vulcão

kastély
castelo

szivárvány
arco-íris

gomba
cogumelo

pálmafa
palmeira

szúnyog
mosquito

légy
mosca

hangya
formiga

méhecske
abelha

pók
aranha

bogár

besouro

béka

sapo

mókus

esquilo

sündisznó

ouriço

nyúl

lebre

bagoly

coruja

madár

pássaro

hattyú

cisne

vaddisznó

javali

szarvas

veado

rénszarvas

alce

gát

barragem

szélturbina

aerogerador

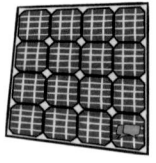

napelem

painel solar

éghajlat

clima

étterem
restaurante

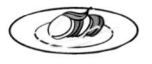

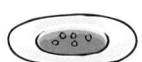

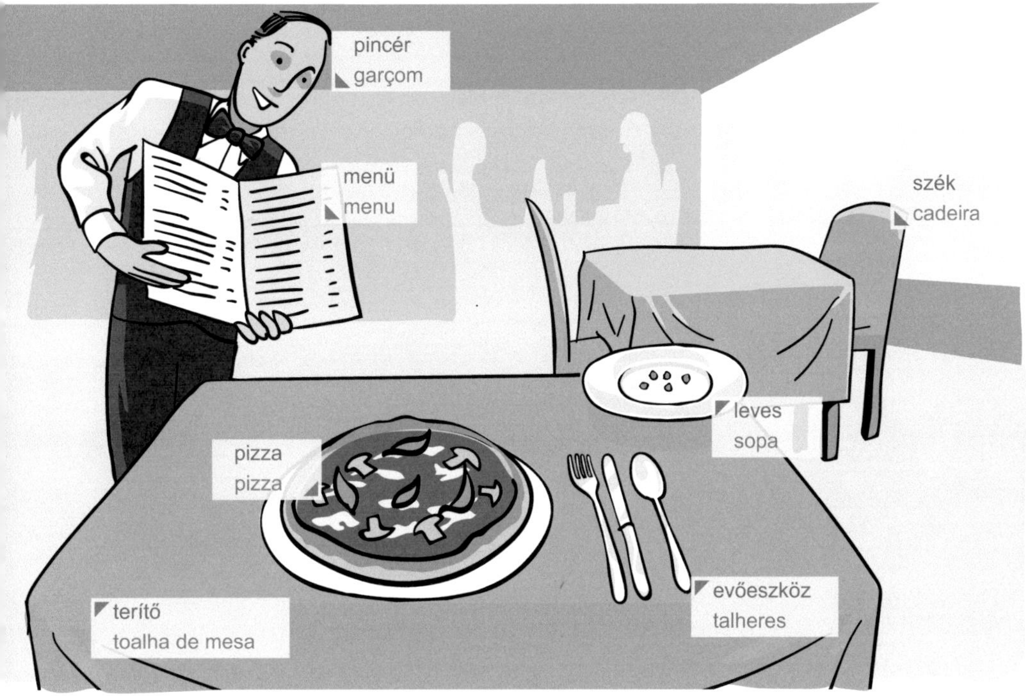

pincér
garçom
menü
menu
szék
cadeira
leves
sopa
pizza
pizza
evőeszköz
talheres
terítő
toalha de mesa

előétel

entrada

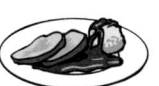

főétel

prato principal

desszert

sobremesa

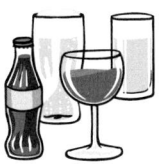

italok

bebidas

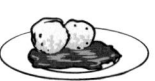

étel

comida

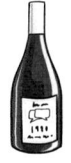

üveg

garrafa

gyorsétel

fastfood

gyorsétel

comida de rua

teás kanna

bule de chá

cukortartó

açucareiro

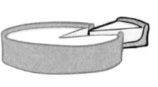

adag

porção

eszpresszógép

máquina de expresso

bárszék

cadeirão

számla

conta

tálca

bandeja

kés

faca

villa

garfo

kanál

colher

teáskanál

colher de chá

szalvéta

guardanapo

pohár

copo

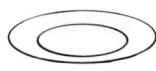

tányér

prato

leveses tányér

prato de sopa

csészealj

pires

szósz

molho

sószóró

saleiro

borsőrlő

moedor de pimenta

ecet

vinagre

étkezési olaj

óleo

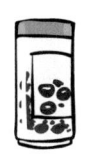

fűszerek

especiarias

ketchup

ketchup

mustár

mostarda

majonéz

maionese

szupermarket
supermercado

különleges ajánlat
oferta especial
ügyfél
cliente
tejtermék
laticínios
gyümölcsök
frutas
bevásárló kocsi
carrinho de compras
FOR

BUTCHERS

hentes

açougue

BAKERY

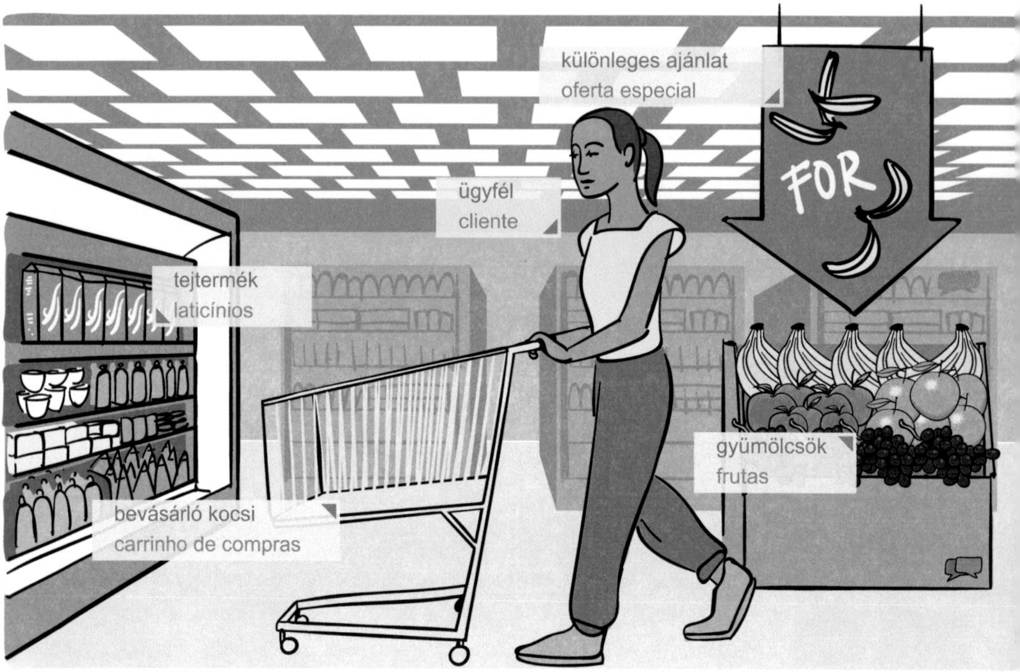

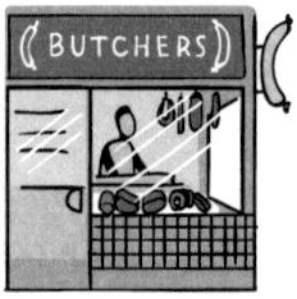

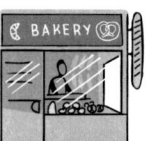

pékség

padaria

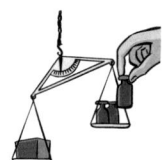

nyom valamennyit

pesar

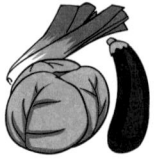

zöldség

legumes

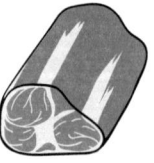

hús

carne

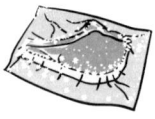

fagyasztott áru

congelados

felvágott
charcutaria

konzerv
conservas

mosópor
detergente em pó

édességek
doces

háztartási termék
artigos domésticos

tisztítószerek
produtos de limpeza

eladó
vendedora

pénztárgép
caixa

eladó
caixa

bevásárló lista
lista de compras

nyitva tartás
horário de funcionamento

levéltárca
carteira

hitelkártya
cartão de crédito

zacskó
sacola

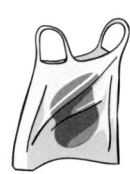

műanyag zacskó
saco plástico

víz

ága

gyümölcslé

suco

tej

leite

kóla

coca-cola

bor

vinho

sör

cerveja

alkohol

álcool

kakaó

cacau

tea

chá

kávé

café

eszpresszó

expresso

kapucsínó

cappuccino

banán

banana

alma

maçã

narancs

laranja

sárgadinnye

melão

citrom

limão

sárgarépa

cenoura

fokhagyma

alho

bambusz

bambu

hagyma

cebola

gomba

cogumelo

magvak

nozes

nokedli

macarrão

spagetti

espaguete

rizs

arroz

saláta

salada

sült krumpli

batatas fritas

sült burgonya

batatas frias

pizza

pizza

hamburger

hambúrger

szendvics

sanduíche

hússzelet

escalope

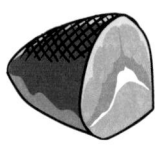

sonka

presunto

szalámi

salame

kolbász

salsicha

csirke

galinha

pecsenye

assado

hal

peixe

zabkása

flocos de aveia

müzli

granola

kukoricapehely

flocos de milho

liszt

farinha

croissant

croissant

zsemle

pãozinho

kenyér

pão

pirítós kenyér

torrada

keksz

biscoitos

vaj

manteiga

túró

requeijão

sütemény

bolo

tojás

ovo

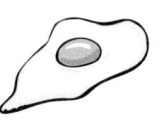

tükörtojás

ovo frito

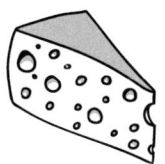

sajt

queijo

jégkrém

sorvete

cukor

açúcar

méz

mel

lekvár

geleia

mogyorókrém

creme de avelãs

curry

curry

étel - comida

gazdálkodás
fazenda

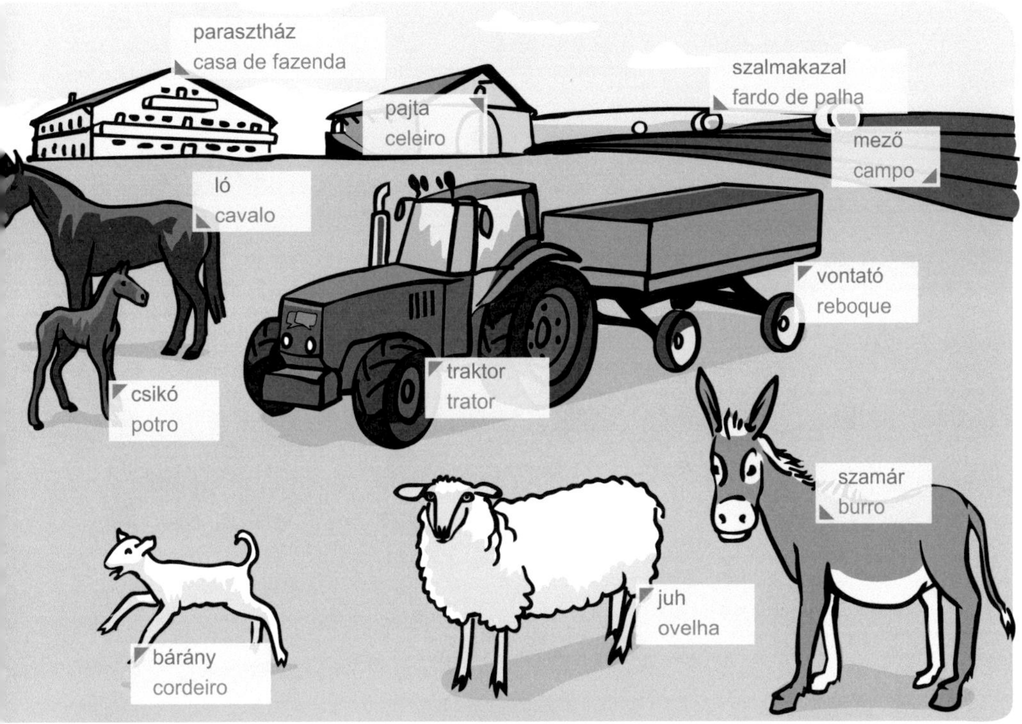
parasztház
casa de fazenda
pajta
celeiro
szalmakazal
fardo de palha
mező
campo
ló
cavalo
vontató
reboque
traktor
trator
csikó
potro
szamár
burro
juh
ovelha
bárány
cordeiro

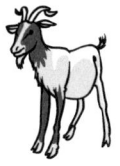

kecske
cabra

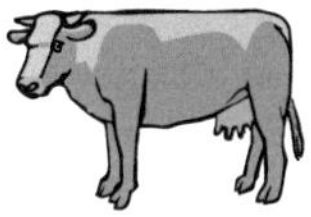
tehén
vaca

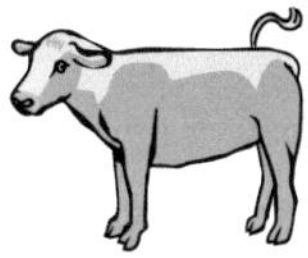
borjú
bezerro

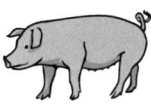

malac
porco

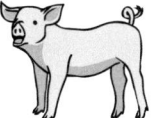

kismalac
leitão

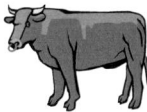

bika
touro

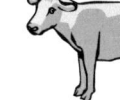

liba

ganso

kacsa

pato

csibe

pintinho

tojó

galinha

kakas

galo

patkány

ratazana

macska

gato

egér

camundongo

ökör

boi

kutya

cachorro

kutyaház

casinha do cachorro

kerti öntözőcső

mangueira de jardim

öntözőkanna

regador

kasza

foice

eke

arado

sarló

foice

kapa

enxada

vasvilla

forquilha

fejsze

machado

talicska

carrinho de mão

teknő

manjedoura

tejes kancsó

jarra de leite

zsák

saco

kerítés

cerca

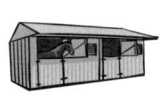

istálló

estábulo

üvegház

estufa

talaj

solo

vetőmag

semente

trágya

fertilizante

cséplőgép

colheitadeira

szüretelni

colher

betakarítás

colheita

yamgyökér

inhame

búza

trigo

szója

soja

burgonya

batata

kukorica

milho

repcemag

colza

gyümölcsfa

árvore frutífera

manióka

mandioca

gabona

cereais

ház

casa

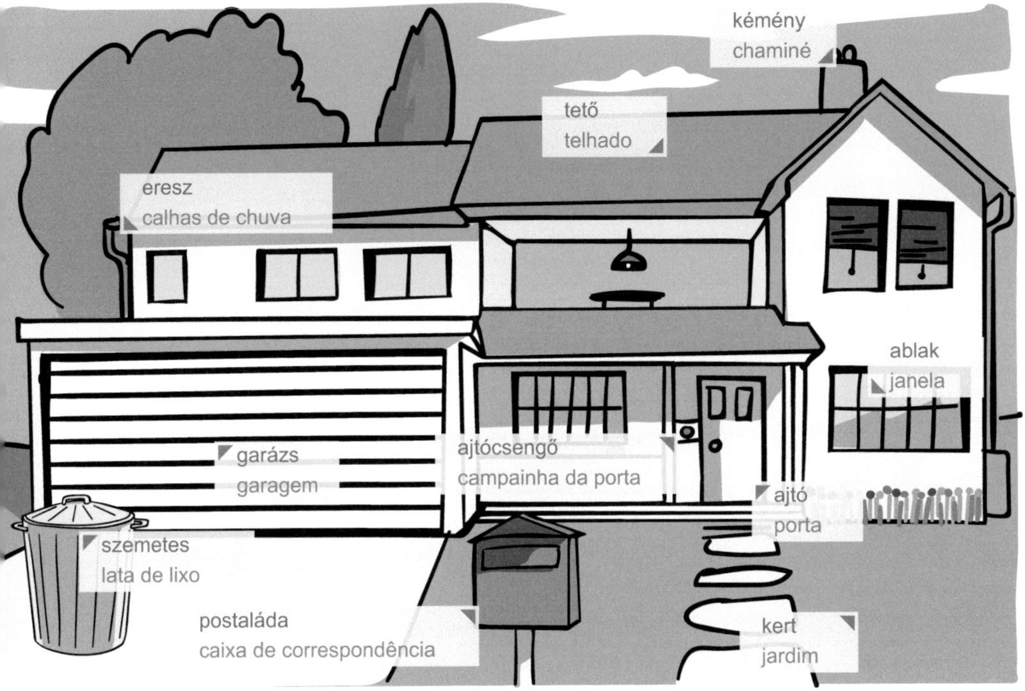
kémény
chaminé
tető
telhado
eresz
calhas de chuva
ablak
janela
garázs
garagem
ajtócsengő
campainha da porta
ajtó
porta
szemetes
lata de lixo
postaláda
caixa de correspondência
kert
jardim

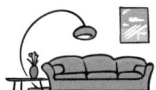

nappali

sala de estar

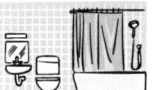

fürdőszoba

banheiro

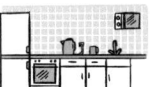

konyha

cozinha

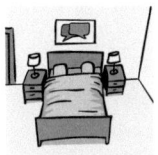

hálószoba

quarto de dormir

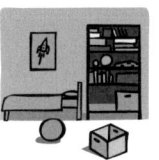

gyerekszoba

quarto de criança

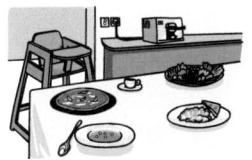

ebédlő

sala de jantar

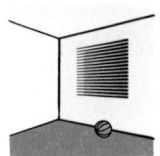

padló

chão

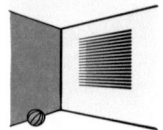

fal

parede

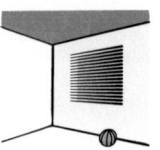

plafon

teto

pince

porão

szauna

sauna

erkély

varanda

terasz

terraço

medence

piscina

fűnyíró

cortador de grama

lepedő

lençol

ágytakaró

coberta

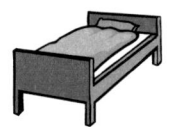

ágy

cama

seprű

vassoura

vödör

balde

kapcsoló

interruptor

nappali
sala de estar

tapéta
papel de parede
kép
quadro
lámpa
lâmpada
polc
prateleira
szekrény
armário
televízió
televisão
kandalló
lareira
virág
flor
párna
travesseiro
kanapé
sofá
váza
vaso
távirányító
controle remoto

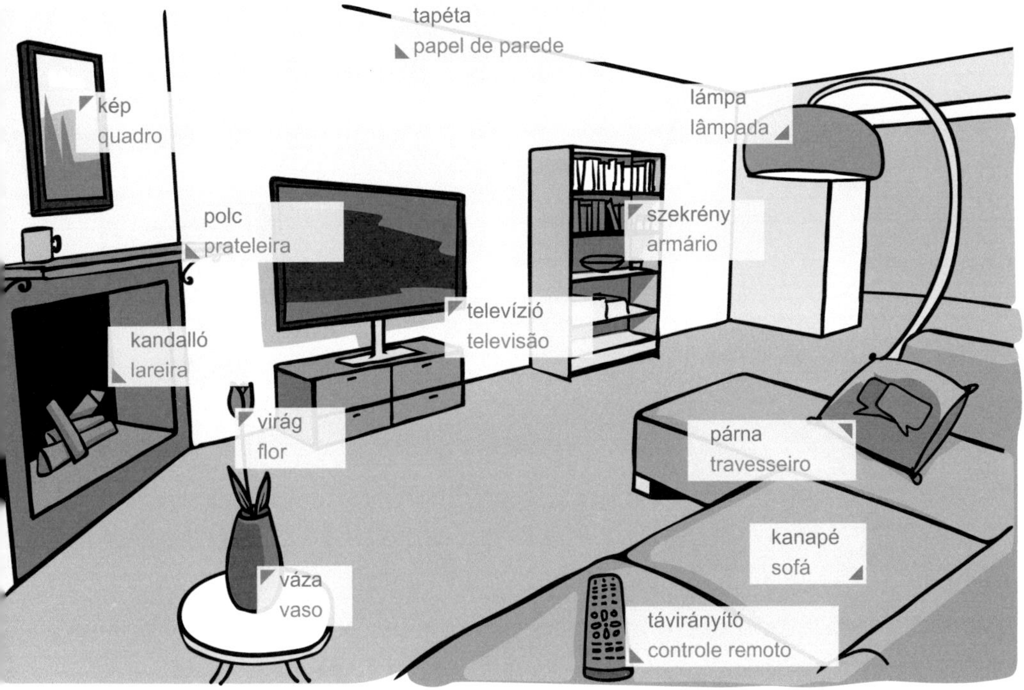

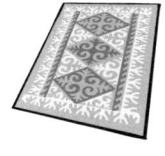

szőnyeg

tapete

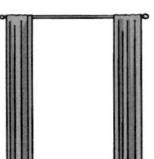

függöny

cortina

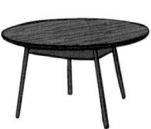

asztal

mesa

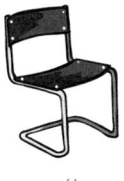

szék

cadeira

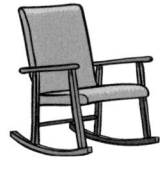

hintaszék

cadeira de balanço

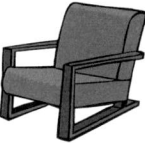

karosszék

poltrona

könyv

livro

takaró

cobertor

dekoráció

decoração

tűzifa

lenha

film

filme

hifi

equipamento de som

kulcs

chave

újság

jornal

festmény

pintura

poszter

pôster

rádió

rádio

jegyzetfüzet

bloco de notas

porszívó

aspirador

kaktusz

cacto

gyertya

vela

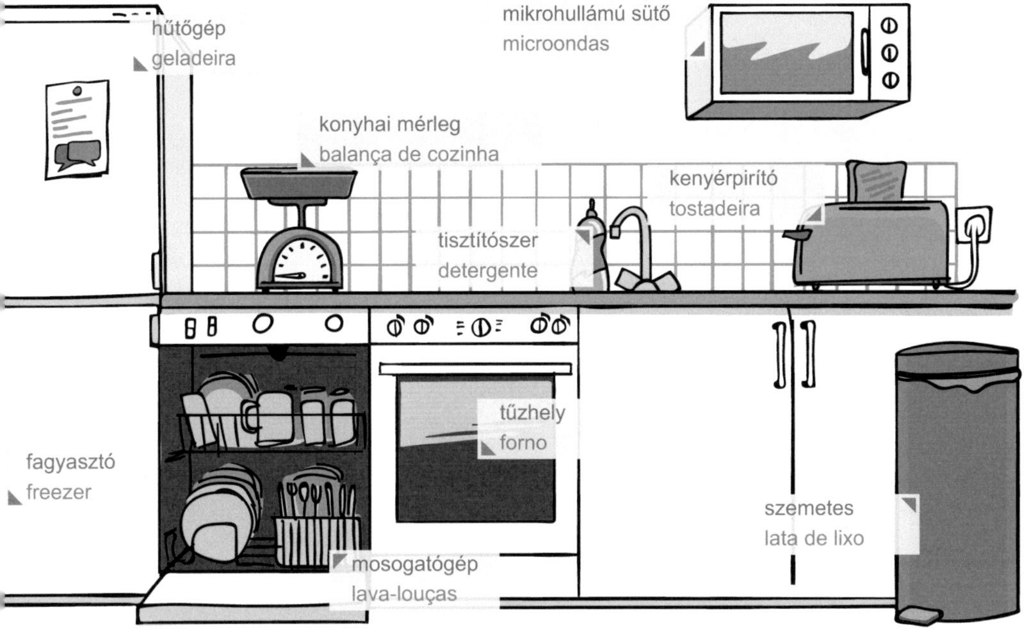

hűtőgép
geladeira

mikrohullámú sütő
microondas

konyhai mérleg
balança de cozinha

kenyérpirító
tostadeira

tisztítószer
detergente

tűzhely
forno

fagyasztó
freezer

szemetes
lata de lixo

mosogatógép
lava-louças

tűzhely

fogão

edény

panela

vasfazék

panela de ferro

wok / kadai

wok / kadai

serpenyő

frigideira

vízforraló

chaleira

pároló	tepsi	étkészlet
panela a vapor	tabuleiro de forno	louça

bögre	tálka	evőpálcika
caneca	caçarola	hashi

merőkanál	keverőlapátka	habverő
concha de sopa	espátula	batedor

szűrő	szita	reszelő
escorredor	peneira	ralador

mozsár	grillsütő	kandalló
almofariz	churrasqueira	lareira

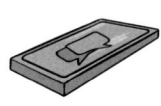

vágódeszka

tábua de cortar

sodrófa

rolo da massa

dugóhúzó

saca-rolhas

doboz

lata

konzervnyitó

abridor de latas

edényfogó

pegador de panela

mosogató

pia

kefe

escova

szivacs

esponja

turmixgép

liquidificador

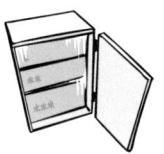

mélyhűtő

congelador

cumisüveg

mamadeira

csap

torneira

fürdőszoba

banheiro

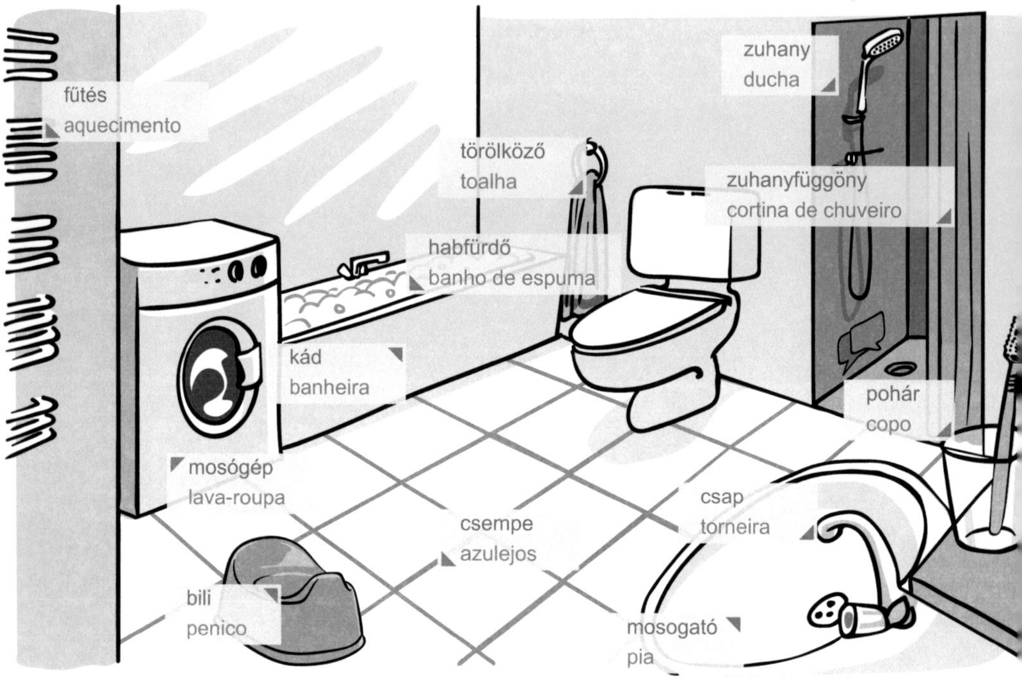

fűtés
aquecimento
zuhany
ducha
törölköző
toalha
zuhanyfüggöny
cortina de chuveiro
habfürdő
banho de espuma
kád
banheira
pohár
copo
mosógép
lava-roupa
csap
torneira
csempe
azulejos
bili
penico
mosogató
pia

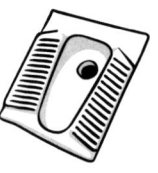

toalett

vaso sanitário

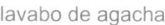

guggolós toalett

lavabo de agachar

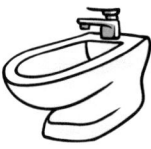

bidé

bidê

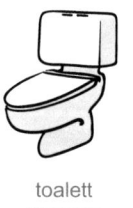

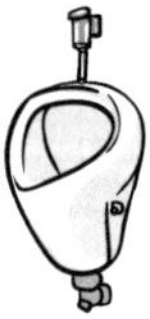

piszoár

mictório

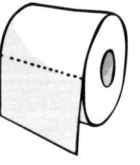

toalett papír

papel higiênico

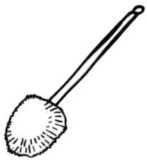

wc kefe

escova de privada

fogkefe

escova de dentes

fogkrém

pasta de dentes

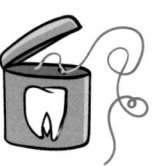

fogselyem

fio dental

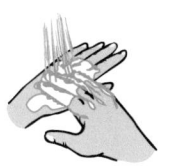

mosni

lavar

kézi zuhany

ducha de mão

intimzuhany

ducha íntima

mosdótál

bacia

hátmosó kefe

escova para as costas

szappan

sabonete

tusfürdő

gel de banho

sampon

xampu

mosdókesztyű

toalha de rosto

lefolyó

escoamento

krém

creme

dezodor

desodorante

tükör

espelho

kézitükör

espelho de mão

borotva

barbeador

borotvahab

espuma de barbear

borotválkozás utáni
arcszesz
loção pós-barba

fésű

pente

hajkefe

escova

hajszárító

secador de cabelo

hajlakk

spray de cabelo

smink

maquiagem

ajakrúzs

batom

körömlakk

esmalte de unhas

vatta

algodão

körömvágó olló

tesoura para unhas

parfüm

perfume

neszesszer

nécessaire

sámli

banquinho

mérleg

balança

köntös

roupão de banho

gumikesztyű

luvas de borracha

tampon

absorvente interno

egészségügyi betét

absorvente íntimo

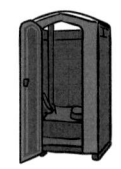

vegyi WC

banheiro químico

gyerekszoba
quarto de criança

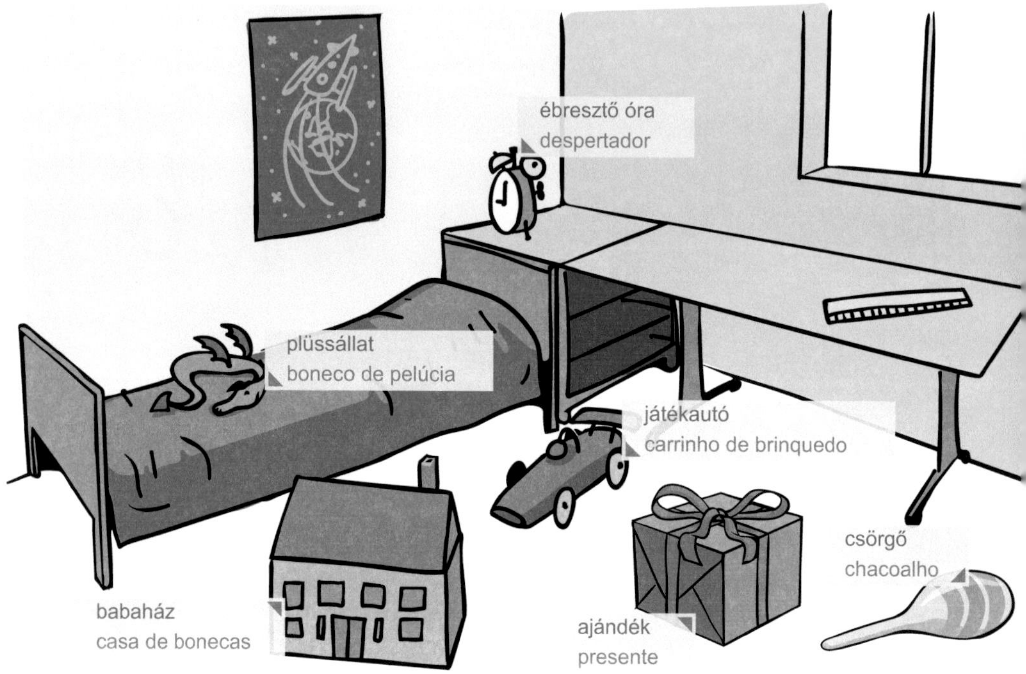
ébresztő óra
despertador
plüssállat
boneco de pelúcia
játékautó
carrinho de brinquedo
csörgő
chacoalho
babaház
casa de bonecas
ajándék
presente

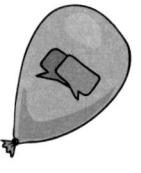

lufi

balão

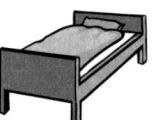

ágy

cama

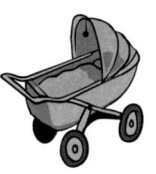

babakocsi

carrinho de bebê

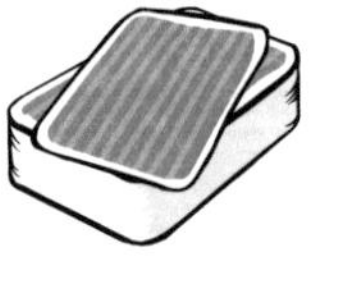

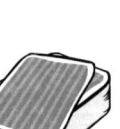

kártyapakli

jogo de cartas

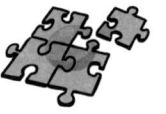

kirakós játék

quebra-cabeças

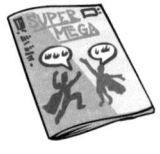

képregény

revista de quadrinhos

építőkockák

peças de Lego

építőelem

blocos de construção

szuperhős

figura de ação

rugdalózó

macaquinho de bebê

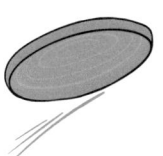

frizbi

frisbee

zenélő forgó

móbile para bebé

társasjáték

jogo de tabuleiro

kocka

dados

modellvasút

trenzinho elétrico

cumi

chupeta

zsúr

festa

képeskönyv

livro ilustrado

labda

bola

baba

boneca

játszani

brincar

homokozó

caixa de areia

hinta

balanço

játékok

brinquedos

videójáték konzol

videogame

tricikli

triciclo

teddi maci

ursinho de pelúcia

ruhásszekrény

guarda-roupa

ruházat
vestuário

zokni

meias

harisnya

meias pelo joelho

harisnyanadrág

meias-calças

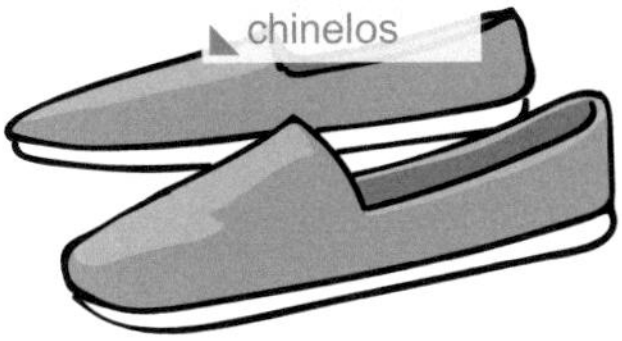

sál
cachecol

esernyő
guarda-chuva

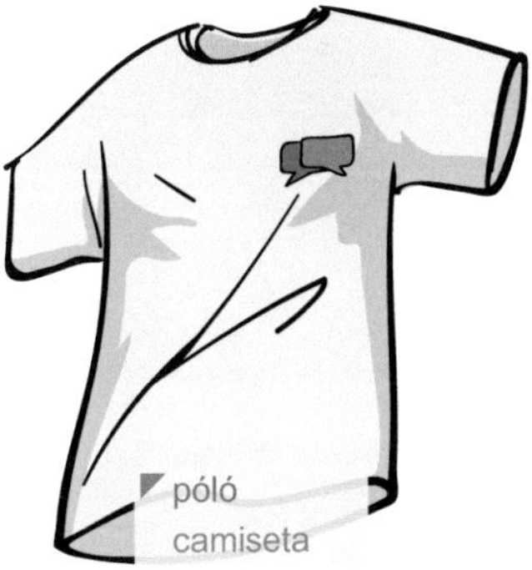

póló
camiseta

öv
cinto

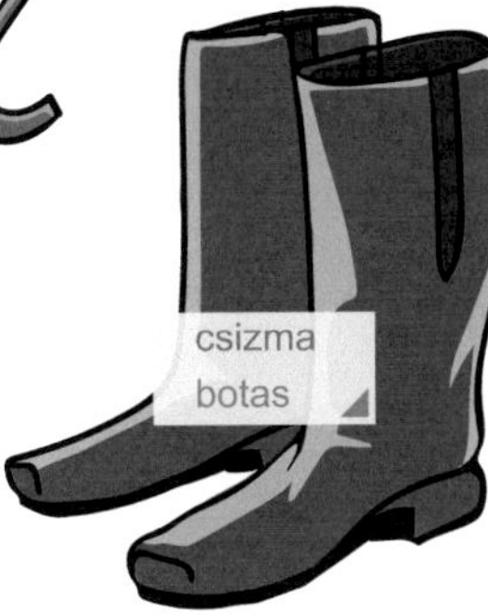

csizma
botas

papucs
chinelos

tornacipő
tênis

szandál

sandálias

cipő

sapatos

gumicsizma

botas de borracha

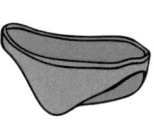

alsónadrág

roupa de baixo

melltartó

sutiã

mellény

camiseta de baixo

body
body

nadrág
calças

farmer
jeans

szoknya
saia

blúz
blusa

ing
camisa

pulóver
pulóver

kapucnis pulóver
suéter com capuz

blézer
blazer

dzseki
jaqueta

kabát
casaco

esőkabát
gabardine

kosztüm
traje

ruha
vestido

esküvői ruha
vestido de casamento

öltöny

terno

hálóing

camisola

pizsama

pijama

szári

sari

fejkendő

lenço de cabeça

turbán

turbante

burka

burca

kaftán

cafetã

abaya

abaya

fürdőruha

maiô

fürdőnadrág

sunga

rövidnadrág

shorts

tréningruha

roupa de treino

kötény

avental

kesztyű

luvas

gomb

botão

szemüveg

óculos

karkötő

pulseira

nyaklánc

colar

gyűrű

anel

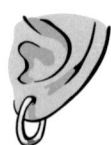

fülbevaló

brinco

sapka

boné

vállfa

cabide

kalap

chapéu

nyakkendő

gravata

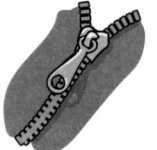

cipzár

zíper

bukósisak

capacete

nadrágtartó

suspensórios

iskolai egyenruha

uniforme escolar

egyenruha

uniforme

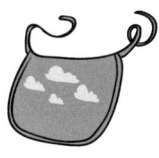

előke

babador

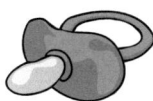

cumi

chupeta

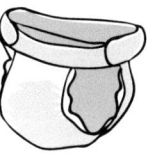

pelenka

fralda

iroda

escritório

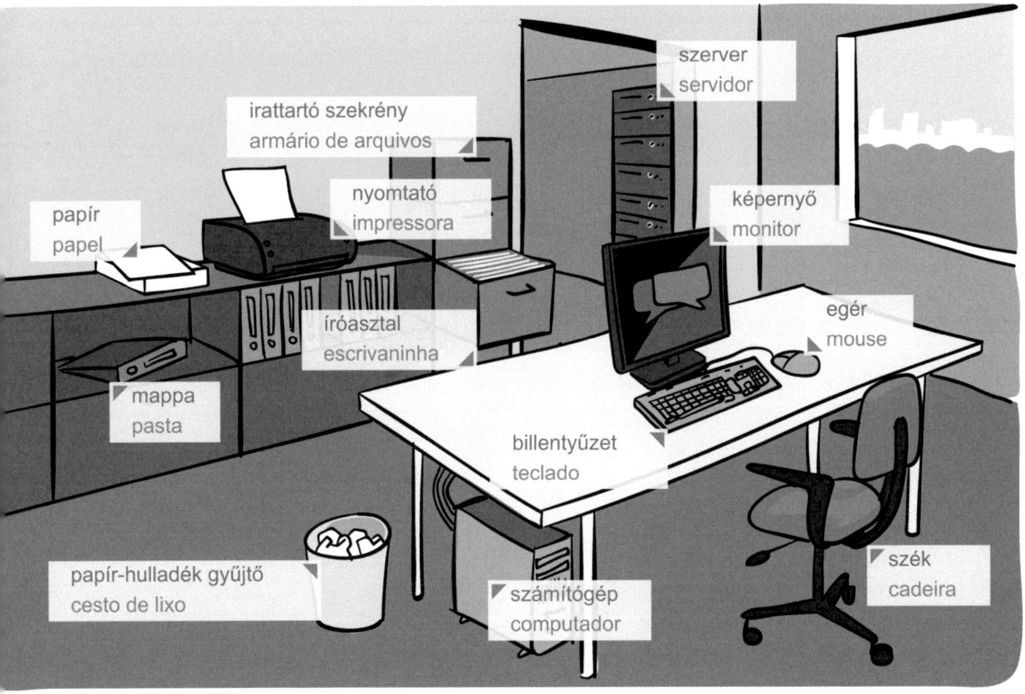

szerver
servidor
irattartó szekrény
armário de arquivos
nyomtató
impressora
papír
papel
képernyő
monitor
íróasztal
escrivaninha
egér
mouse
mappa
pasta
billentyűzet
teclado
papír-hulladék gyűjtő
cesto de lixo
számítógép
computador
szék
cadeira

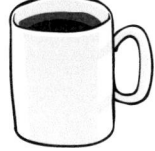

kávéscsésze

xícara de café

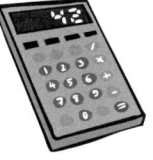

számológép

calculadora

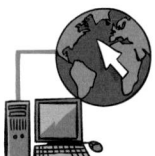

internet

internet

laptop

laptop

levél

carta

üzenet

mensagem

mobiltelefon

celular

hálózat

rede

fénymásoló

copiadora

szoftver

software

telefon

telefone

konnektor

tomada

faxgép

fax

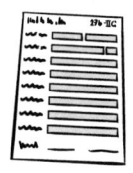

formanyomtatvány

formulário

dokumentum

documento

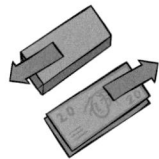

venni

comprar

fizetni

pagar

kereskedni

negociar

pénz

dinheiro

USD

dollár

Dólar

EUR

euró

Euro

JPY

jen

Yen

RUB

rubel

rublo

CHF

svájci frank

franco suíço

CNY

kínai jüan

renminbi yuan

INR

rúpia

rupia

bankautomata

caixa eletrônico

valutaváltó iroda

casa de câmbio

arany

ouro

ezüst

prata

olaj

petróleo

energia

energia

ár

preço

szerződés

contrato

adó

imposto

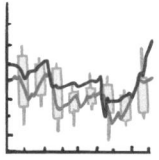

részvény

ação

dolgozni

trabalhar

munkavállaló

empregado

munkaadó

empregador

gyár

fábrica

üzlet

loja

foglalkozások
profissões

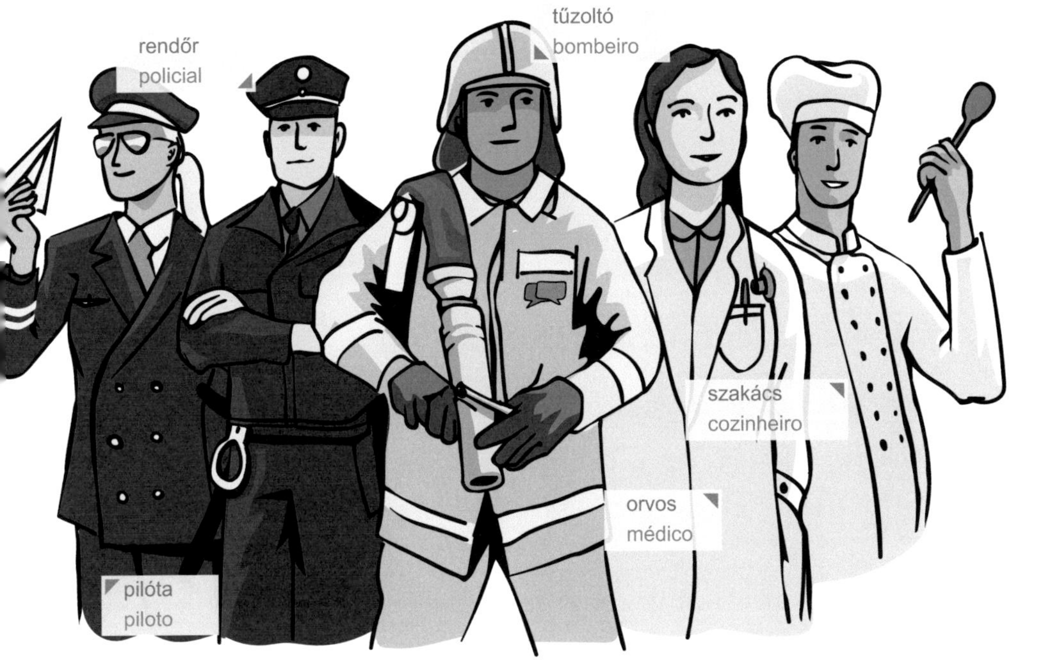
tűzoltó
bombeiro
rendőr
policial
szakács
cozinheiro
orvos
médico
pilóta
piloto

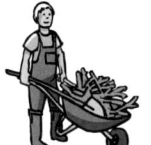

kertész

jardineiro

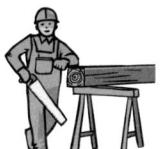

kárpitos

marceneiro

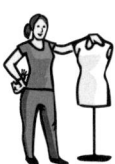

varrónő

costureira

bíró

juiz

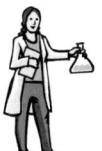

vegyész

químico

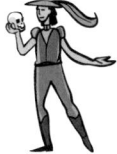

színész

ator

buszsofőr

motorista de ônibus

taxisofőr

motorista de táxi

halász

pescador

bejárónő

faxineira

tetőfedő

telhador

pincér

garçom

vadász

caçador

festő

pintor

pék

padeiro

villanyszerelő

eletricista

építőmunkás

construtor

mérnök

engenheiro

hentes

açougueiro

vízvezeték-szerelő

encanador

postás

carteiro

katona

soldado

építész

arquiteto

eladó

caixa

virágos

florista

fodrász

cabelereiro

kalauz

condutor

műszerész

mecânico

kapitány

capitão

fogorvos

dentista

tudós

cientista

rabbi

rabino

imám

imam

szerzetes

monge

lelkész

pastor

szerszámok
ferramentas

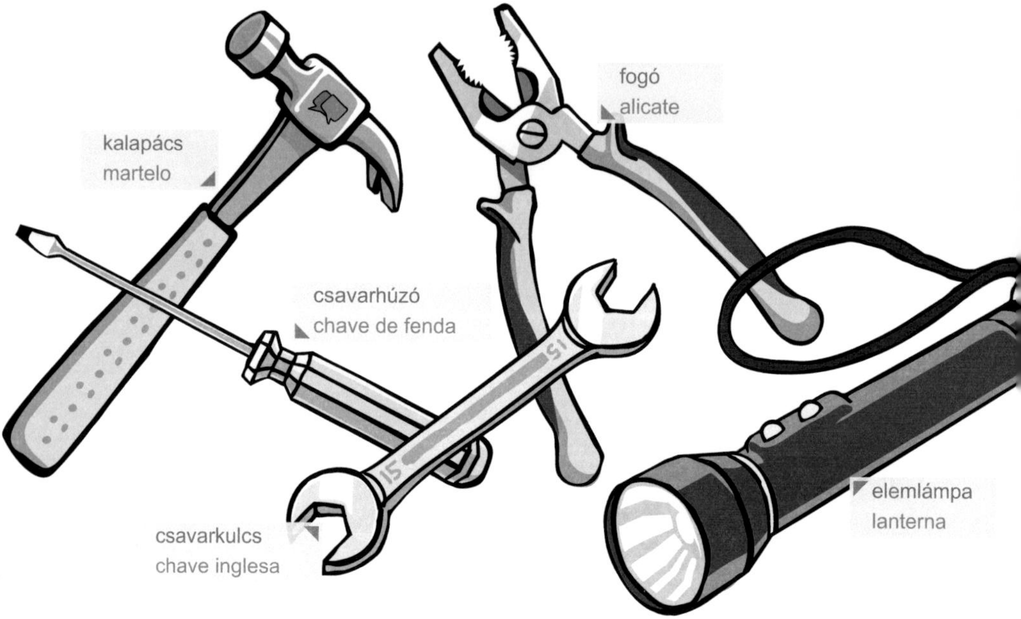

fogó
alicate
kalapács
martelo
csavarhúzó
chave de fenda
elemlámpa
lanterna
csavarkulcs
chave inglesa

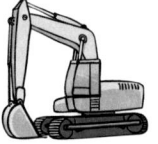

markológép

escavadora

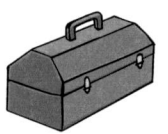

szerszámosláda

caixa de ferramentas

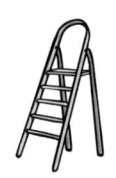

vödör

escada de mão

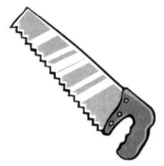

fűrész

serra

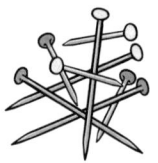

szög

pregos

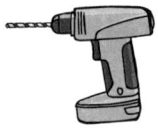

fúrógép

furadeira

megjavítani

consertar

lapát

pá

A francba!

Droga!

szemétlapát

pá de lixo

festékesdoboz

pote de tinta

csavar

parafusos

hangszerek
instrumentos musicais

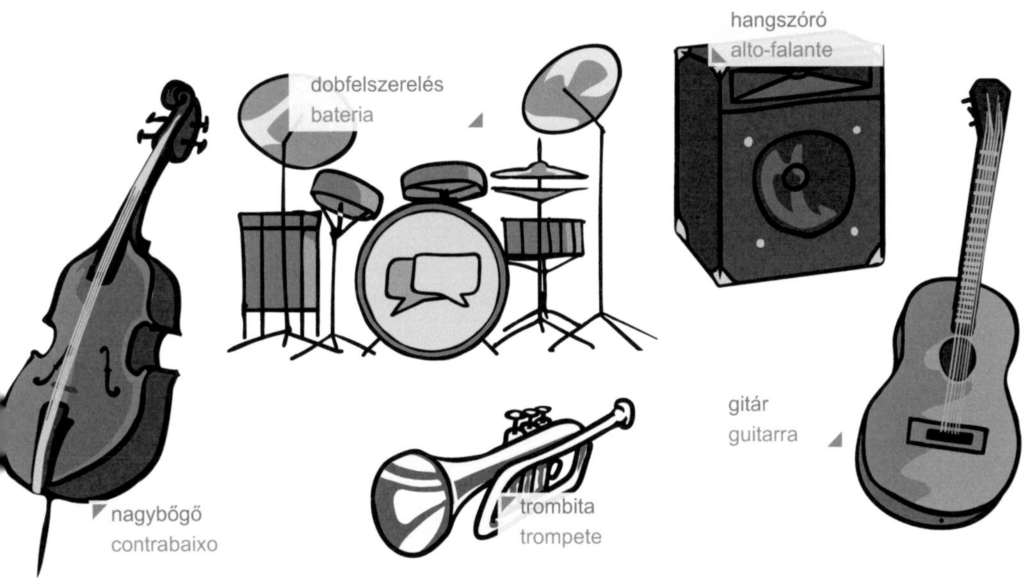

hangszóró
alto-falante

dobfelszerelés
bateria

gitár
guitarra

nagybőgő
contrabaixo

trombita
trompete

zongora

piano

hegedű

violino

basszusgitár

baixo

üstdob

timbales

dobok

tambor

digitális zongora

teclado

szaxofon

saxofone

fuvola

flauta

mikrofon

microfone

hangszerek - instrumentos musicais

állatkert
zoológico

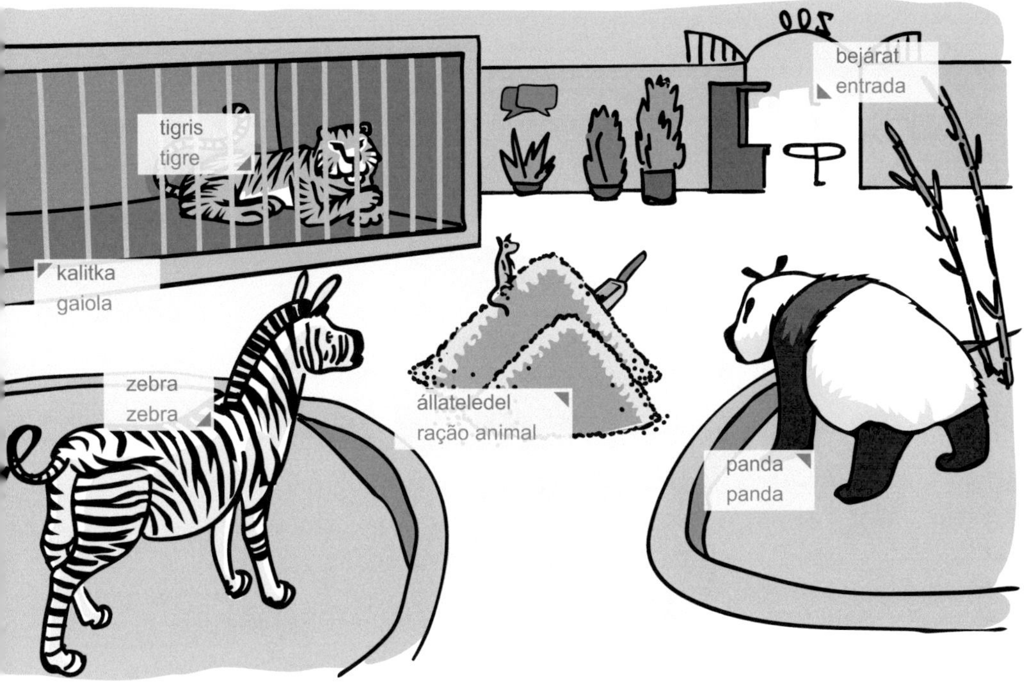

tigris
tigre
bejárat
entrada
kalitka
gaiola
zebra
zebra
állateledel
ração animal
panda
panda

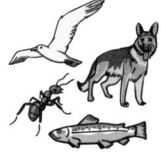

állatok

animais

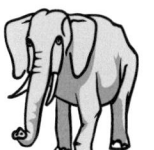

elefánt

elefante

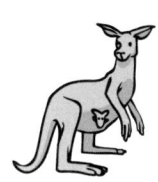

kenguru

canguru

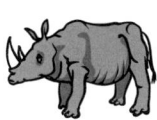

orrszarvú

rinoceronte

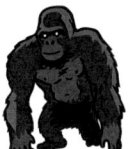

gorilla

gorila

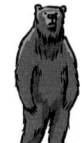

medve

urso

teve

camelo

strucc

avestruz

oroszlán

leão

majom

macaco

flamingó

flamingo

papagáj

papagaio

jegesmedve

urso polar

pingvin

pinguim

cápa

tubarão

páva

pavão

kígyó

cobra

krokodil

crocodilo

állatgondozó

guarda do zoológico

fóka

foca

jaguár

jaguar

póniló

pônei

leopárd

leopardo

víziló

hipopótamo

zsiráf

girafa

sas

águia

vaddisznó

javali

hal

peixe

teknős

tartaruga

rozmár

morsa

róka

raposa

gazella

gazela

amerikai futball
futebol americano

kerékpározás
ciclismo

tenisz
tênis

kosárlabda
basquete

úszás
natação

boksz
boxe

jégkorong
hóquei no gelo

futball
futebol

tollas
badminton

atlétika
atletismo

kézilabda
handebol

síelés
esqui

lovaspóló
polo

ugrani
pular

nevetni
rir

ölelni
abraçar

sétálni
andar

énekelni
cantar

álmodni
sonhar

dicsérni
rezar

csókolni
beijar

írni
escrever

rajzolni
desenhar

mutatni
mostrar

tolni
empurrar

adni
dar

vinni
tomar

birtokolni

ter

csinálni

fazer

lenni

ser

állni

ficar de pé

futni

correr

húzni

puxar

hajít

jogar

esni

cair

hazudni

deitar

várni

esperar

vinni

carregar

ülni

sentar

felvenni

vestir

aludni

dormir

felébredni

despertar

ránézni

olhar para

sírni

chorar

simogat

acariciar

fésülni

pentear

beszélni

falar

megérteni

entender

kérdezni

perguntar

hallgatni

ouvir

inni

beber

enni

comer

takarítani

arrumar

szeretni

amar

főzni

cozinhar

vezetni

dirigir

szállni

voar

vitorlázni

velejar

számol

calcular

olvasni

ler

tanulni

aprender

dolgozni

trabalhar

házasodni

casar

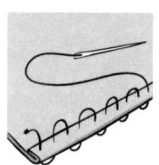

varrni

costurar

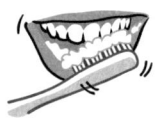

fogat mosni

escovar os dentes

ölni

matar

dohányozni

fumar

küldeni

enviar

család
família

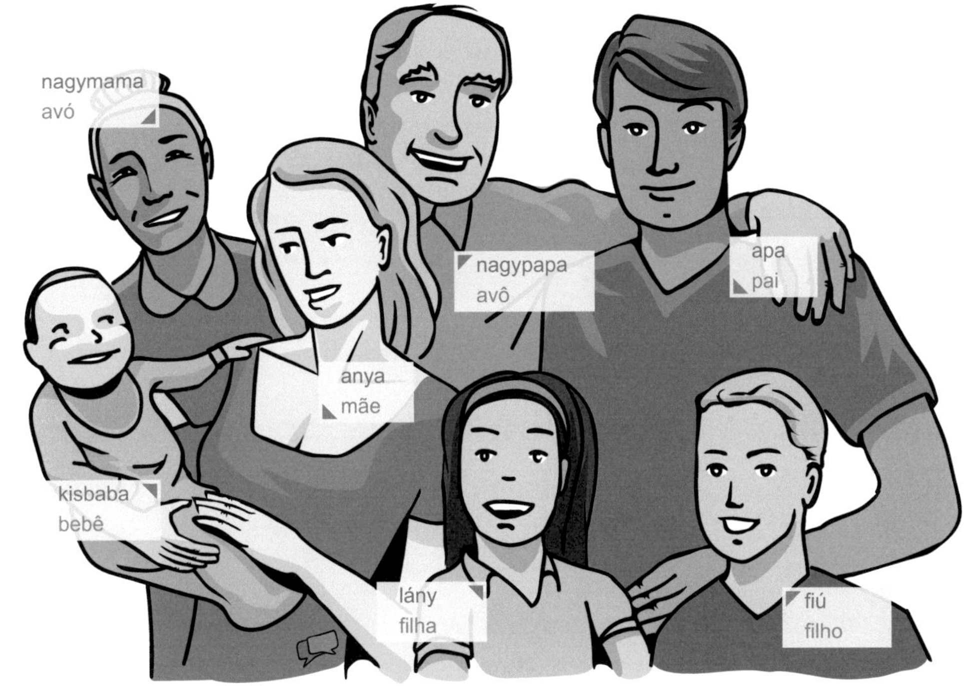
nagymama
avó
nagypapa
avô
apa
pai
anya
mãe
kisbaba
bebê
lány
filha
fiú
filho

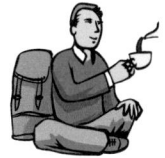

vendég

convidado

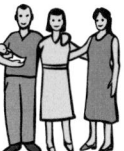

nagynéni

tia

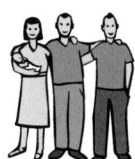

nagybácsi

tio

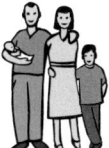

fiútestvér

irmão

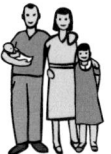

lánytestvér

irmã

test

corpo

homlok
testa
szem
olho
váll
ombro
ujj
dedo
arc
rosto
áll
queixo
kéz
mão
láb
perna
mell
peito
kar
braço

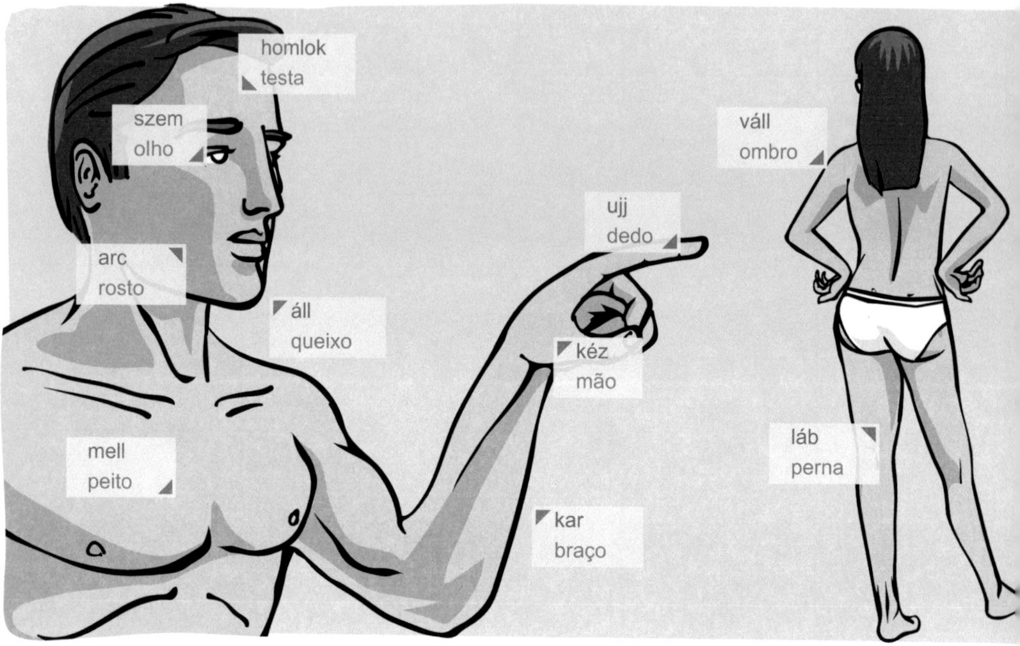

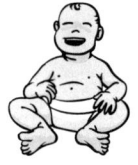

kisbaba

bebê

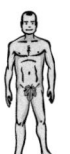

ember

homem

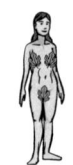

nő

mulher

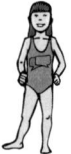

lány

menina

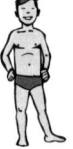

fiú

menino

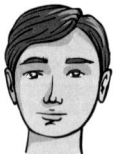

fej

cabeça

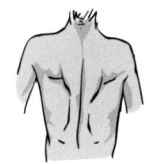

hát

costas

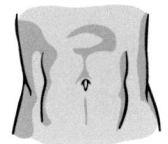

has

barriga

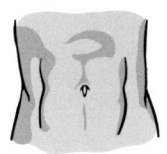

köldök

umbigo

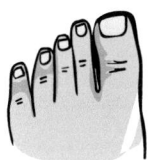

lábujj

dedo do pé

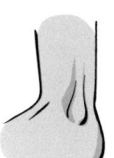

sarok

calcanhar

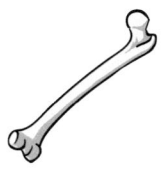

csont

osso

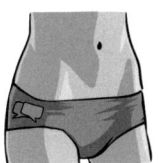

csípő

anca

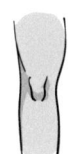

térd

joelho

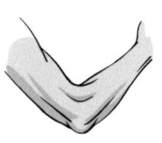

könyök

cotovelo

orr

nariz

fenék

nádegas

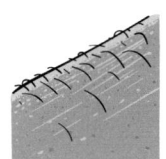

bőr

pele

orca

bochecha

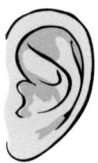

fül

orelha

ajak

lábio

száj

boca

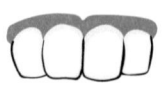

fog

dente

nyelv

língua

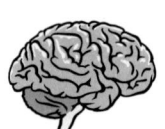

agy

cérebro

szív

coração

izom

músculo

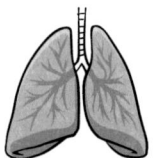

tüdő

pulmão

máj

fígado

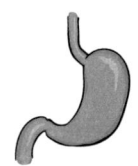

gyomor

estômago

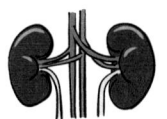

vese

rins

szex

relações sexuais

kondom

preservativo

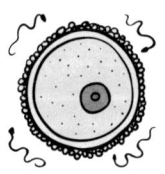

petesejt

óvulo

sperma

esperma

terhesség

gravidez

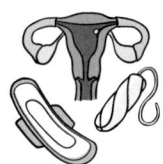

menstruáció

menstruação

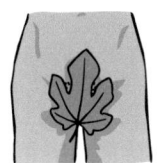

vagina

vagina

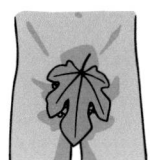

pénisz

pênis

szemöldök

sobrancelha

haj

cabelo

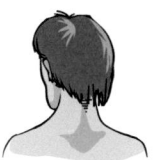

nyak

pescoço

kórház

hospital

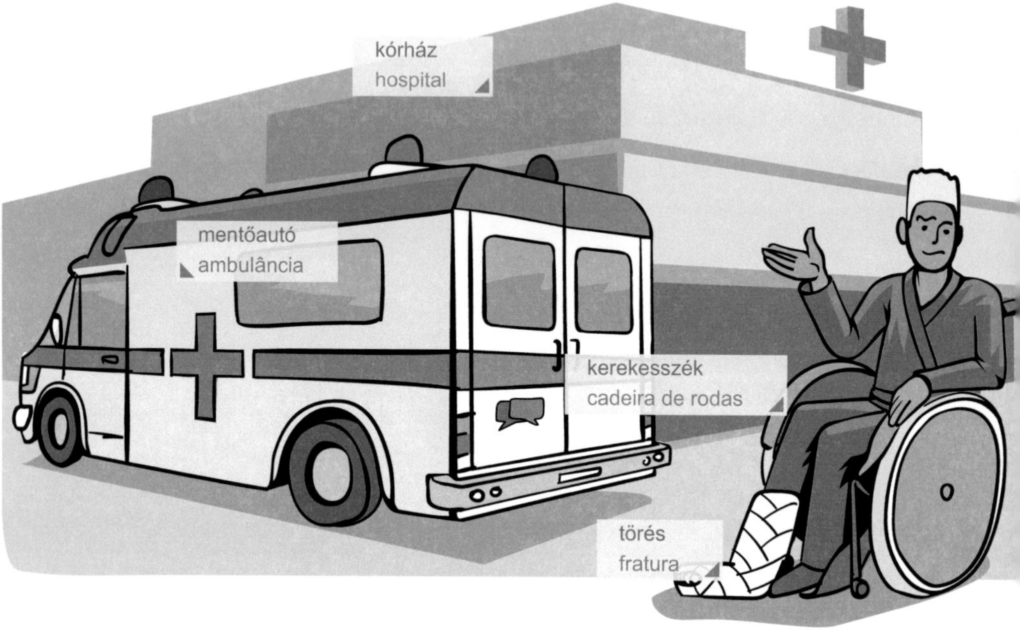

kórház
hospital
mentőautó
ambulância
kerekesszék
cadeira de rodas
törés
fratura

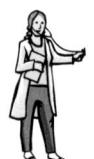

orvos

médico

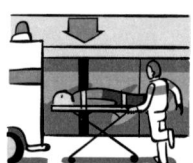

sürgősségi osztály

pronto-socorro

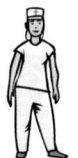

ápoló

enfermeira

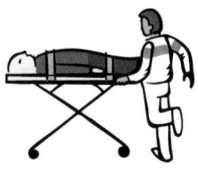

vészhelyzet

emergência

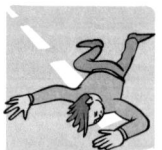

eszméletlen

inconsciente

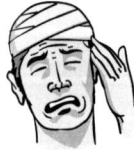

fájdalom

dor

sérülés

ferimento

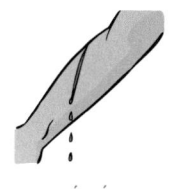

vérzés

hemorragia

szívroham

ataque cardíaco

szélütés

acidente vacular cerebral

allergia

alergia

köhögés

tosse

láz

febre

influenza

gripe

hasmenés

diarreia

fejfájás

dor de cabeça

rák

câncer

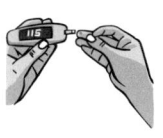

cukorbetegség

diabetes

sebész

cirurgião

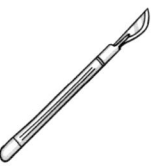

szike

bisturi

műtét

operação

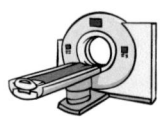

CT

CT

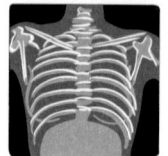

röntgen

raio x

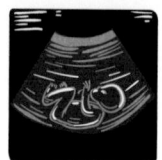

ultrahang

ultrassom

arcmaszk

máscara

betegség

doença

váróterem

sala de espera

mankó

muleta

sebtapasz

bandeide

kötszer

ligadura

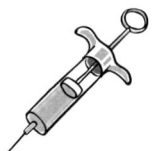

injekció

injeção

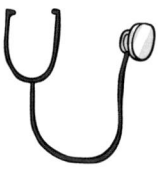

sztetoszkóp

estetoscópio

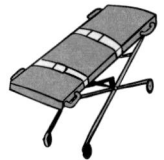

hordágy

maca

klinikai hőmérő

termômetro

születés

nascimento

túlsúly

excesso de peso

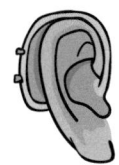

hallókészülék

aparelho auditivo

fertőtlenítőszer

desinfetante

fertőzés

infecção

vírus

vírus

HIV/AIDS

HIV / AIDS

orvosság

medicamento

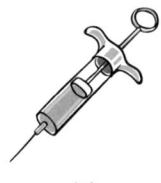

oltás

vacinação

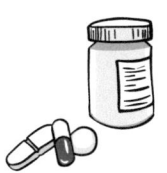

tabletták

comprimidos

tabletta

pílula

sürgősségi hívás

chamada de emergência

vérnyomásmérő

dispositivo de medição de
pressão arterial

betegség / egészség

doente / saudável

Segítség!

Socorro!

riasztás

alarme

rajtaütés

assalto

támadás

ataque

veszély

perigo

vészkijárat

saída de emergência

tűz!

Fogo!

tűzoltókészülék

extintor de incêndios

baleset

acidente

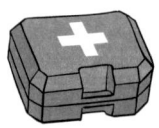

elsősegélycsomag

maleta de primeiros
socorros

SOS

SOS

rendőrség

polícia

Európa

Europa

Észak-Amerika

América do Norte

Dél-Amerika

América do Sul

Afrika

África

Ázsia

Ásia

Ausztrália

Austrália

Atlanti-óceán

Atlântico

Csendes-óceán

Pacífico

Indiai-óceán

Oceano Índico

Déli-óceán

Oceano Antártico

Jeges-tenger

Oceano Ártico

Északi-sark

Polo Norte

Déli-sark

Polo Sul

Antarktisz

Antártica

föld

Terra

szárazföld

terra

tenger

mar

sziget

ilha

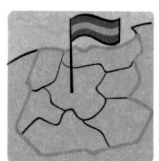

nemzet

nação

állam

estado

számlap
mostrador do relógio

kismutató
ponteiro das horas

nagymutató
ponteiro dos minutos

másodpercmutató
ponteiro dos segundos

Mennyi az idő?
Que horas são?

nap
dia

idő
tempo

most
agora

digitális óra
relógio digital

perc
minuto

óra
hora

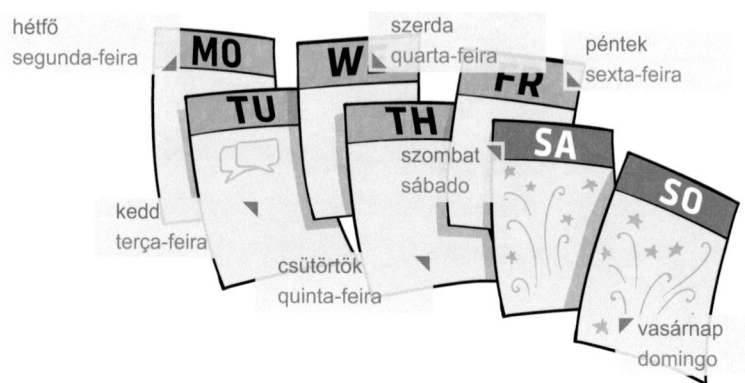

hétfő
segunda-feira

szerda
quarta-feira

péntek
sexta-feira

kedd
terça-feira

szombat
sábado

csütörtök
quinta-feira

vasárnap
domingo

tegnap

ontem

ma

hoje

holnap

amanhã

reggel

manhã

dél

meio-dia

este

entardecer

hétköznap

dias úteis

hétvége

fim de semana

szivárvány
arco-íris

eső
chuva

hó
neve

szél
vento

tavasz
primavera

ősz
outono

nyár
verão

tél
inverno

4.APRIL	11°	☀
5.APRIL	4°	☁
6.APRIL	13°	⛈
7.APRIL	8°	❄
8.APRIL	10°	❄

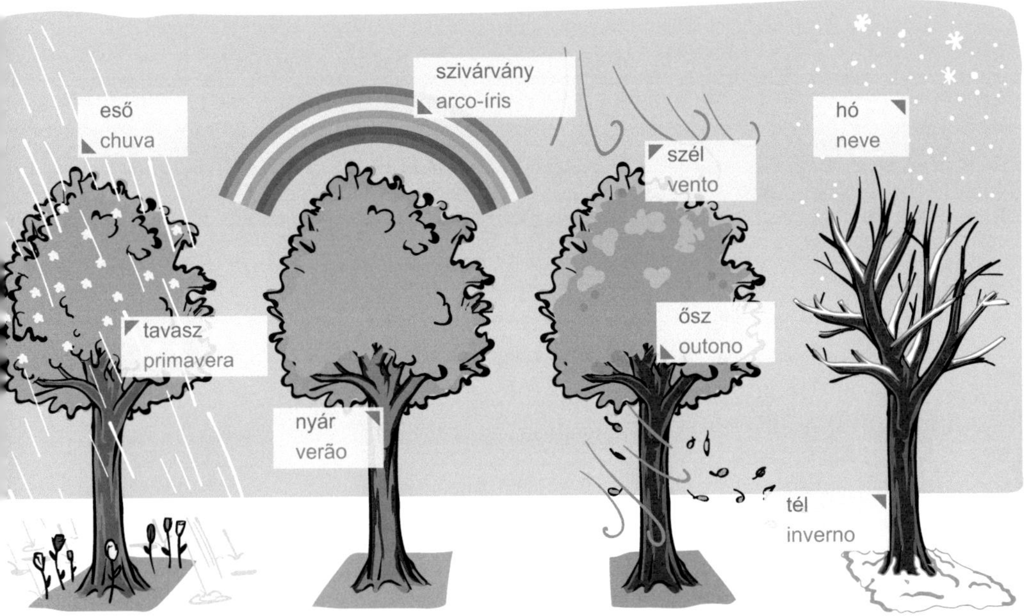

időjárás előrejelzés

previsão do tempo

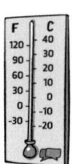

hőmérő

termômetro

napsütés

raio de sol

felhő

nuvem

köd

neblina / nevoeiro

páratartalom

umidade do ar

villámlás

relâmpago

mennydörgés

trovão

vihar

tempestade

jégeső

granizo

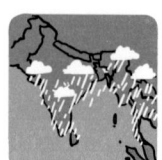

monszun

monção

áradás

inundação

jég

gelo

január

janeiro

február

fevereiro

március

março

április

abril

május

maio

június

junho

július

julho

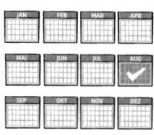

augusztus

agosto

év - ano

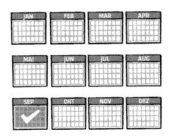

szeptember
....
setembro

október
....
outubro

november
....
novembro

december
....
dezembro

kör
....
círculo

négyzet
....
quadrado

téglalap
....
retângulo

háromszög
....
triângulo

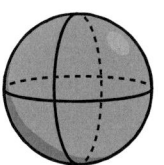

gömb
....
esfera

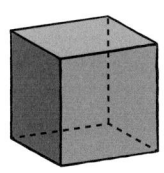

kocka
....
cubo

fehér
....
branco

sárga
....
amarelo

narancs
....
laranja

rózsaszín
....
rosa

piros
....
vermelho

lila
....
lilás

kék
....
azul

zöld
....
verde

barna
....
marrom

szürke
....
cinza

fekete
....
preto

sok / kevés

muito / pouco

mérges / nyugodt

furioso / tranquilo

szép / csúnya

lindo / feio

kezdet / vég

começo / fim

nagy / kicsi

grande / pequeno

világos / sötét

claro / escuro

fivér / nővér

irmão / irmã

tiszta / koszos

limpo / sujo

teljes / nem teljes

completo / incompleto

nappal / éjszaka

dia / noite

halott / élő

morto / vivo

széles / keskeny

largo / estreito

ehető / nem ehető

comestível / não comestível

gonosz / kedves

mau / gentil

izgatott / unott

entusiasmado / entediado

kövér / vékony

gordo / magro

első / utolsó

primeiro / último

barát / ellenség

amigo / inimigo

teli / üres

cheio / vazio

kemény / puha

duro / macio

nehéz / könnyű

pesado / leve

éhség / szomjúság

fome / sede

betegség / egészség

doente / saudável

illegális / legális

ilegal / legal

intelligens / buta

inteligente / idiota

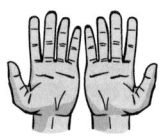

bal / jobb

esquerda / direita

közel / távol

perto / longe

új / használt

novo / usado

semmi / valami

nada / alguma coisa

idős / fiatal

velho / jovem

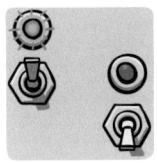

be / ki

ligado / desligado

nyitva / zárva

aberto / fechado

csendes / hangos

baixo / alto

gazdag / szegény

rico / pobre

helyes / helytelen

certo / errado

érdes / sima

áspero / liso

szomorú / vidám

triste / feliz

rövid / hosszú

curto / longo

lassú / gyors

lento / rápido

nedves / száraz

molhado / seco

meleg / hideg

ameno / fresco

háború / béke

guerra / paz

0

nulla

zero

1

egy

um

2

kettő

dois

3

három

três

4

négy

quatro

5

öt

cinco

6

hat

seis

7

hét

sete

8

nyolc

oito

9

kilenc

nove

10

tíz

dez

11

tizenegy

onze

12

tizenkettő

doze

13

tizenhárom

treze

14

tizennégy

quatorze

15

tizenöt

quinze

16

tizenhat

dezesseis

17

tizenhét

dezessete

18

tizennyolc

dezoito

19

tizenkilenc

dezenove

20

húsz

vinte

100

száz

cem

1.000

ezer

mil

1.000.000

millió

milhão

angol

inglês

amerikai angol

inglês americano

mandarin kínai

chinês mandarim

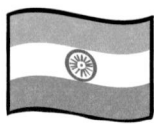

hindi

hindi

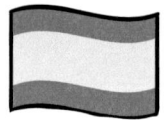

spanyol

espanhol

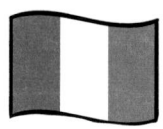

francia

francês

arab

árabe

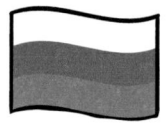

orosz

russo

portugál

português

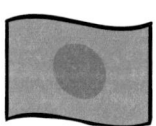

bengáli

bengalês

német

alemão

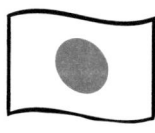

japán

japonês

én
eu

te
você

ő
ele / ela

mi
nós

ti
vocês

ők
eles / elas

ki?
quem?

mi?
O quê?

hogyan?
como?

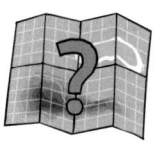

hol?
onde?

mikor?
Quando?

név
nome

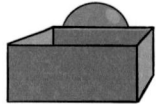

mögött

atrás

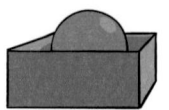

benne

em

előtte

na frente de

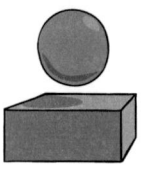

felette

sobre

rajta

em cima

alatta

debaixo

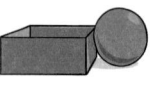

mellett

do lado

között

entre

hely

lugar